Título original em inglês: *Rocket Science for Babies*

Texto © 2016 Chris Ferrie
Ilustrações © 2016 Chris Ferrie
Capa e projeto gráfico © 2017 Sourcebooks
Tradução © 2022 Editora Edgard Blücher Ltda.

Originally published in the United States by Sourcebooks, LLC. www.sourcebooks.com.

Publisher	Edgard Blücher	*Conselho editorial*	André Costa e Silva
Editor	Eduardo Blücher		Cecilia Consolo
Coordenação editorial	Jonatas Eliakim		Dijon de Moraes
Produção editorial	Luana Negraes		Jarbas Vargas Nascimento
Tradução	Bonie Santos		Luis Barbosa Cortez
Diagramação e adaptação de capa	Roberta Pereira de Paula		Marco Aurélio Cremasco
Revisão de texto	Bárbara Waida		Rogerio Lerner

Blucher

Rua Pedroso Alvarenga, 1245, 4º andar
04531-934 – São Paulo – SP – Brasil
Tel.: 55 11 3078-5366
contato@blucher.com.br
www.blucher.com.br

Segundo o Novo Acordo Ortográfico, conforme 6. ed. do *Vocabulário
Ortográfico da Língua Portuguesa*, Academia Brasileira de Letras,
junho de 2021.

É proibida a reprodução total ou parcial por quaisquer meios sem
autorização escrita da editora.

Todos os direitos reservados pela Editora
Edgard Blücher Ltda.

Dados Internacionais de Catalogação na Publicação (CIP)
Angélica Ilacqua CRB-8/7057

Ferrie, Chris
    Engenharia aeroespacial para bebês / Chris Ferrie; tradução de
Bonie Santos. – São Paulo : Blucher, 2022.
    24 p. : il., color. (Universidade dos Bebês)

ISBN 978-65-5506-383-7
Título original: *Rocket Science for Babies*

1. Literatura infantil 2. Engenharia aeroespacial – Literatura infantil
I. Título. II. Santos, Bonie. III. Série.

22-5404	CDD 028.5

Índice para catálogo sistemático:
1. Literatura infantil – Engenharia aeroespacial

ENGENHARIA AEROESPACIAL

para bebês

Chris Ferrie

Blucher

Isto é uma bola.

A bola está se movendo.

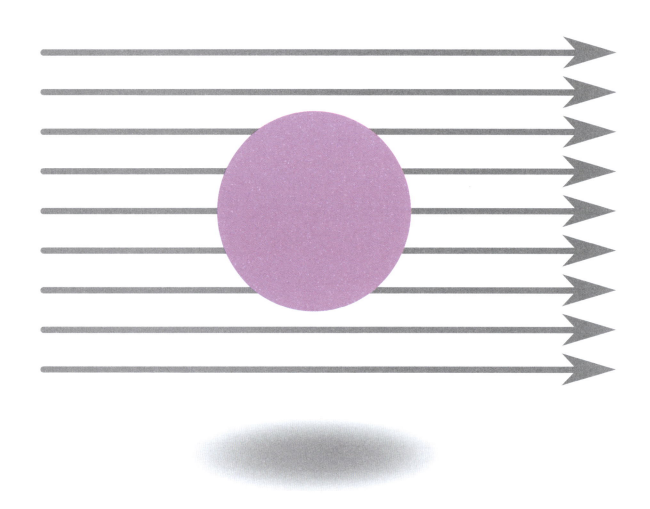

O ar não consegue passar por ela.

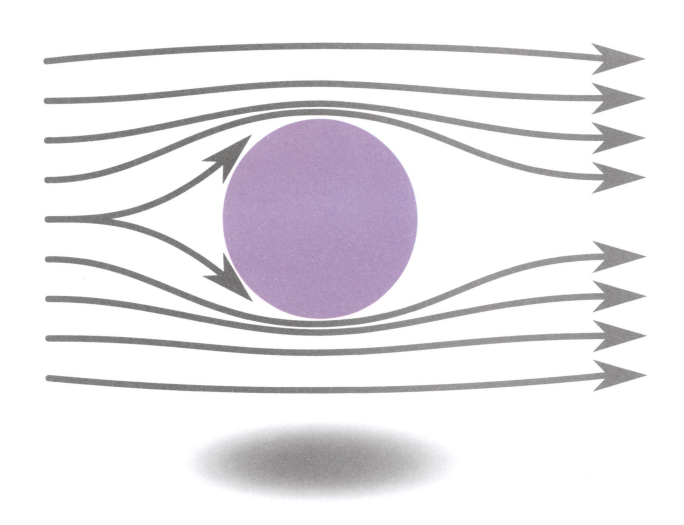

O ar passa ao redor dela.

Mude a forma da bola...

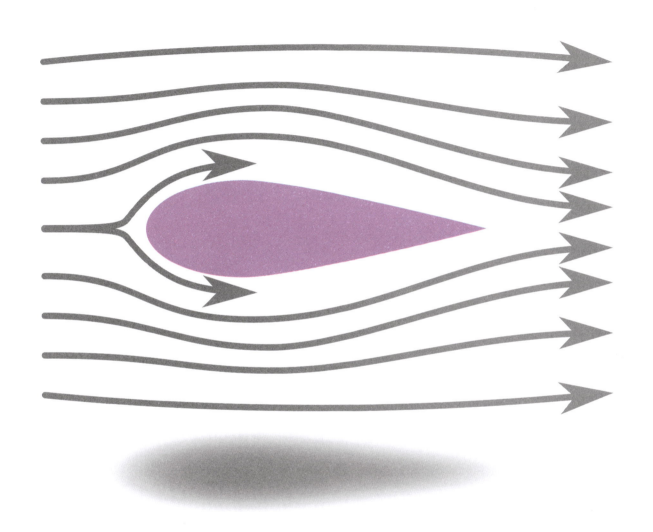

... para mudar o fluxo de ar.

Mude o ângulo da bola...

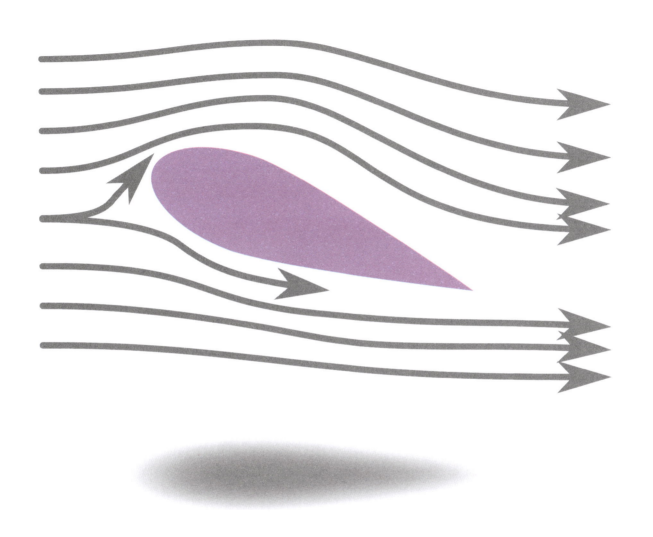

... para desviar o ar para baixo.

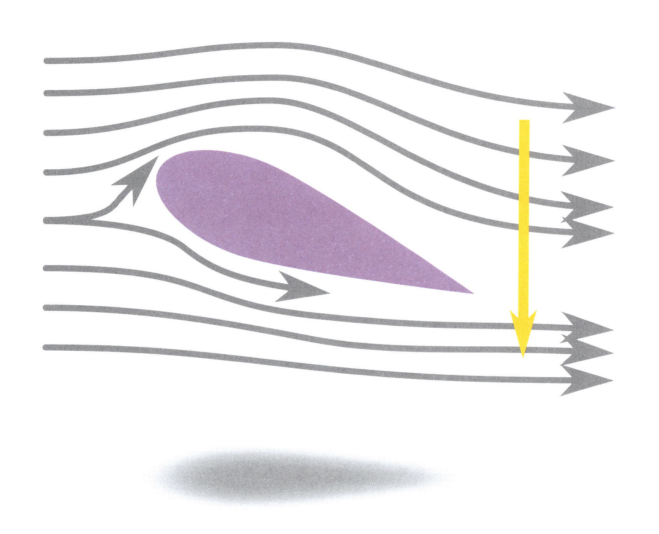

Se o ar desce...

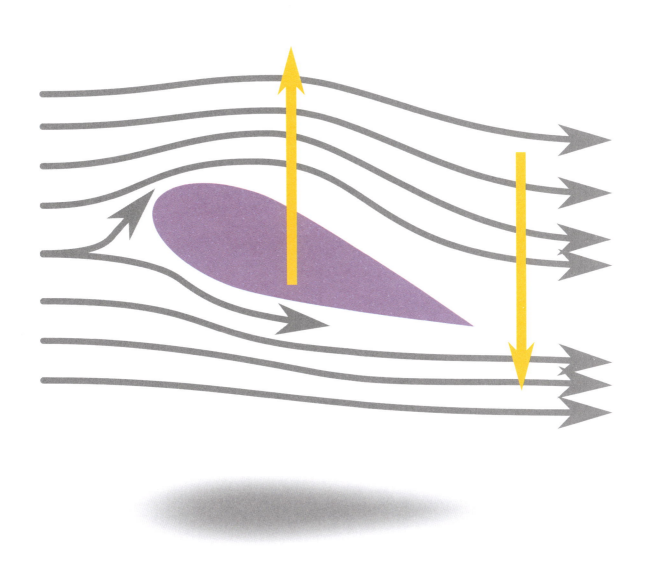

... a forma sobe!

A força para cima é chamada de *sustentação*.

Este é o formato de uma asa de avião.

Esta bola não tem sustentação.

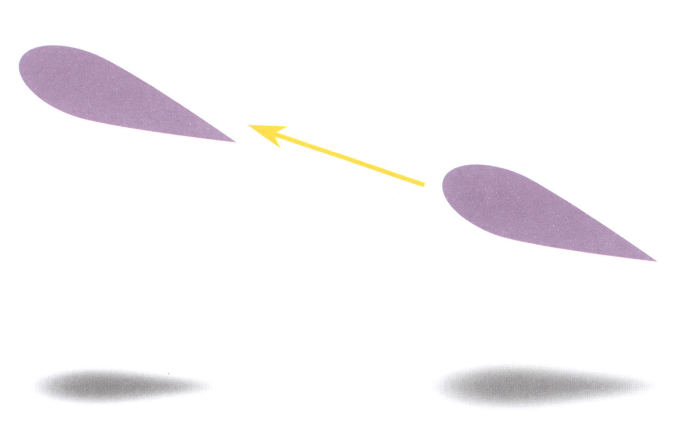

A asa tem sustentação!

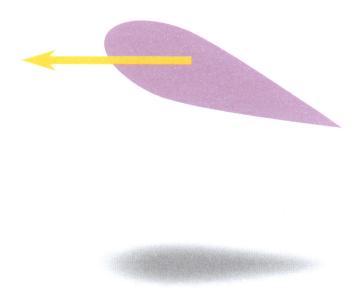

Mas como fazemos a asa se mover para a frente?

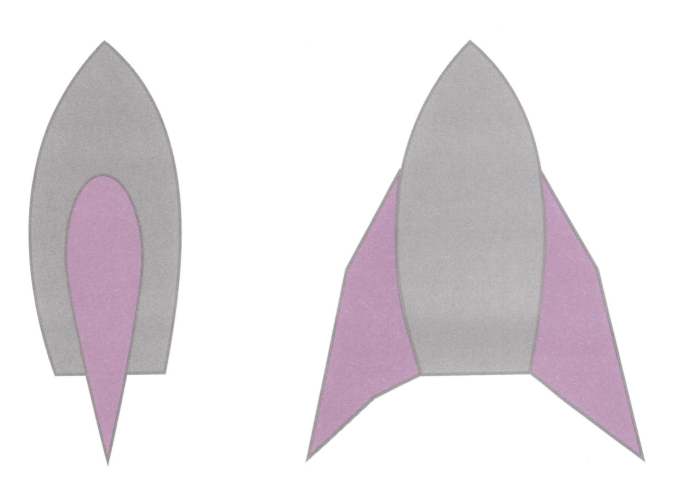

Nós a colocamos em uma espaçonave!

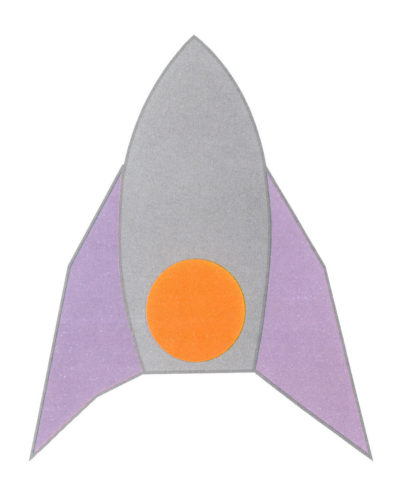

Esta nave está cheia de combustível.

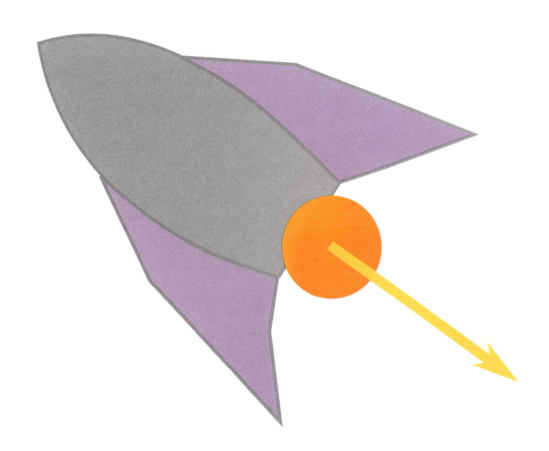

Se o combustível sai...

... a nave vai para a frente.

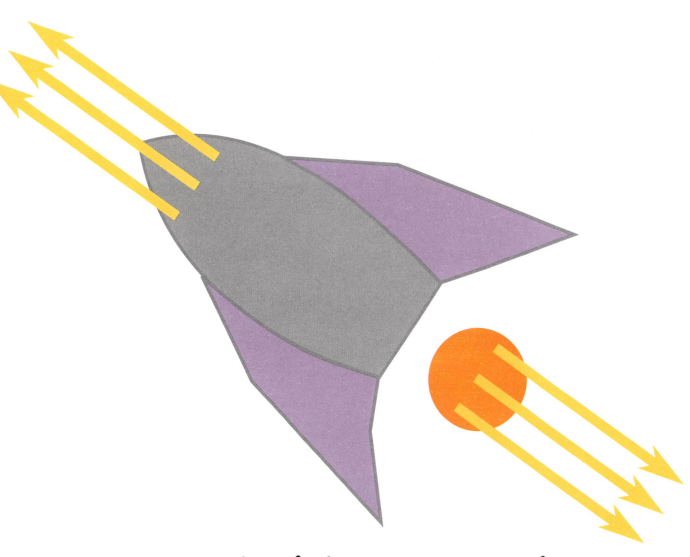

Quanto mais rápido o combustível sai, mais rápido a nave voa.

Então fazemos o combustível explodir!

A força para a frente é chamada de *empuxo*.

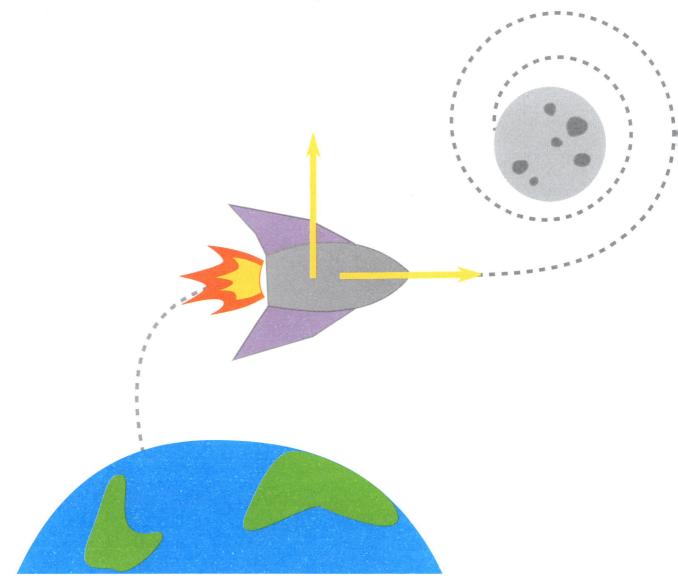

Com sustentação e empuxo, podemos ir até a Lua!

Agora você já entende

ENGENHARIA AEROESPACIAL!